© NIHIL PRIUS RISUM

© Autor: Miguel Prieto Escudero

© Basconfer & Tan SL., 2026

© Primera edición en la Editorial Basconfer, una marca registrada de Basconfer & Tan S.L.
C/ Ancha, 70- 14548 - Montalbán (Córdoba)
Tlf. 957 310 210
www.basconfer.com

ISBN: 979-13-991650-1-2
Depósito Legal: CO 154-2026

Impreso en España/Printed in Spain
Impresión: Ulzama Digital
Huarte, Navarra, 2026

NIHIL PRIUS RISUM

Miguel Prieto Escudero
Notario de Pinoso. Alicante

Justito El Notario www.justitonotario.es

Basconfer
LIBROSJURIDICOS

ÍNDICE

NIHIL PRIUS RISUM

Tras 104 episodios de mi serie de Chistes y Anécdotas Notariales en "El blog de Justito El Notario" me ha parecido buena idea convertir en papel los hasta ahora 12 episodios de la serie para la revista INTERNOS de la FEAPEN.

Espero que se rían o se sonrían.

<u>Nihil prius fide</u>

Sin duda alguna, una sección humorística o un anecdotario sobre el mundillo notarial no podía comenzar de otra manera que con un recopilatorio sobre el lema de los notarios en España que no es otro que el famoso "Nihil prius fide" o "Nada antes de la fe".

«Me ocurrió en la firma de un testamento. Estaba solo en la notaría, y mientras explicaba a una señora qué opciones tenía, de repente me dijo: ¿Está usted solo?»

Notario: Sí señora, una de mis empleadas está de vacaciones y la otra ha acabado su jornada, así que, sí, estoy solo.

Señora: ¿Y Nil?

Notario: ¿Nil? No sé a quién se refiere, señora.

Señora: Sí, Nil, el otro que trabaja aquí.

Notario: Creo que se está confundiendo, señora, aquí no trabaja nadie que se llame Nil. Y creo que tampoco trabajó nadie con ese nombre con los notarios anteriores.

Señora: Entonces, ¿por qué ponen que aquí trabaja Nil?

El notario no salía de su asombro y le dijo a la señora: «Discúlpeme, pero que yo sepa, nadie ha dicho nada de lo que pueda inferirse que aquí trabaja un señor que se llame Nil».

Señora: ¿Cómo qué no? En su misma puerta, pone «Notario» de nombre «Nil», de primer apellido Prius, y de segundo apellido Fide.

A don Nil también le conocen como don Nihil o como don Naial. Depende del "idioma" en que crean que está escrito: "Que nombre tan raro tiene la notaria, ¿no? ¿Nihil? ¿es vasca?".

MAC, mi querido preparador, tiene en la puerta de su despacho (que era el de su padre, que también era notario), una preciosa vidriera que reproduce el escudo notarial que incluye nuestro

Y, para terminar, la más enternecedora de todas: la viejecita a la que los muchos testamentos que le hice se los dictaba un pajarito que venía por las mañanas y que, por lo visto, era algo así como la reencarnación de su difunto esposo.

Ya saben que por hacer testamento no consta aún que se haya muerto nadie.

Herencias

Si en el capítulo anterior fue el turno de los testamentos, nos toca ahora hacer lo propio con su consecuencia jurídica directa: la herencia.

– Buenas, venimos a encargar una herencia.

– Bien, ¿traen el certificado de defunción?

– Papá, ¿dónde tienes tu certificado de defunción?

– Ay, hijo, no sé, eso tu madre, que es la que guarda las cosas.

Y es que hay mucho desconocimiento en la materia y la mayoría necesita que le orienten un poco.

– Buenos días, ¿en qué puedo ayudarle?

– Pues venía a ver qué necesito para tramitar la herencia de mi madre.

– Bien, ¿cuándo falleció?

– Anoche.

– Pues deje al menos que se enfríe.

Las prisas por heredar son muy habituales. El otro día autoricé el poder otorgado por una hija con facultades para adjudicarse la herencia de su padre que estaba vivito y coleando sentado a su lado durante el otorgamiento. Por razones de buen gusto, le sugerí que se hiciera referencia a herencias en general, sin concretarlo a la herencia de su sufrido padre. Lo aceptó y el padre se sintió aliviado.

En una ocasión intentaba explicarle a un sobrino como tendrían lugar los llamamientos a la herencia de su tío en el caso de que renunciase a ella. Tras un completo análisis, terminé diciéndole:

– Así que, cuidado con las renuncias, porque cuando se renuncia a una herencia, otro resultará llamado a la parte renunciada. En su caso, no tengo datos suficientes para valorar a quien habría que llamar si es que, finalmente, usted renuncia.

– Muchas gracias - me contestó -, pero no me queda claro quién me llama a la herencia. Ningún estamento legal se ha puesto en contacto conmigo. ¿Espero para renunciar a que alguien lo haga?

En algunas ocasiones son los correctores orto-gráficos los que nos proporcionan la nota de hu-mor en las herencias.

Fue el caso de aquella mención a la declara-ción de herederos en una herencia en la que se hizo constar que la condición de herederos uni-versales del causante correspondía a los hijos por partes iguales, "sin perjuicio de la legítima del cónyuge supertriste" o el de aquella otra heren-cia en la que me decía un compañero que "hoy a punto hemos estado de adjudicar una herencia en pleno demonio".

Por no saber, algunos no saben ni la premi-sa más básica: ¡Para heredar tiene que haber un muerto! Y es que la semana pasada un hijo vino a encargarme la escritura de herencia de su padre diciéndome: "Los médicos lo han desahuciado y nos lo llevamos a que muera en casa. Nos han di-cho que del sábado no pasa y habíamos pensado en firmar la herencia mañana jueves".

Tampoco es conocido que para preparar la he-rencia hacen falta ciertos documentos complemen-tarios. El más básico es el certificado de defunción. Hace un tiempo vi uno que decía: "Lugar de Fa-llecimiento: Teruel, autobús de la Empresa Munici-pal de Transporte, avenida del Torico, esquina calle Marqués de Salamanca". Con sorna un compañero apuntillaba: "Yo no lo hubiera aceptado: falta el nú-mero de línea y la matrícula del bus".

Algunos se sorprenden de que el testamento o la declaración de herederos no sean suficientes para heredar y haya que hacer una "nueva escritura" y te dicen: "Pero si mi padre ya tenía escritura, ¿para qué tengo que hacer yo otra nueva?". Mi respuesta suele entenderse a la primera. "Mire esto es como una cadena con sus eslabones. Cada nuevo dueño es un eslabón, cada eslabón es una escritura". Y termino diciendo: "Si no fuera así, todo estaría a nombre de Adán y Eva, por mitades indivisas".

No obstante, cuando uno más se sorprende es cuando se ha de dar explicaciones a presuntos entendidos en la materia. Fue el caso de aquella herencia previa a la compraventa de una finca que se heredaba y a la cancelación de una hipoteca sobre la misma. La entidad acreedora trajo los documentos precisos para la cancelación y la apoderada le indicó al abogado de los herederos que "esto lo tienen que firmar Juan y Francisca" (el causante que fue deudor y su esposa y heredera). Entonces es cuando se le explica a la apoderada: "Juan está muerto" y la avezada apoderada respondió: "Y, entonces, ¿cómo lo vamos a hacer?".

Y ya saben si no hacen escritura de herencia, no se olviden de arreglar cuentas con Hacienda.

Nombres y apellidos

Tras superar el archiconocido momento del "Ante mí, Fulano de Tal" comienza la parte del instrumento público llamada comparecencia que es pródiga en anécdotas, especialmente en materia de nombres, de apellidos, de estados civiles, de regímenes matrimoniales y de profesiones y oficios.

Llegan Noelia y su hermano Abraham a firmar a la notaría y me viene a la cabeza una de mis canciones preferidas de Nino Bravo, así que la canturreo mientras entran y se acomodan. Al sentarse hago un comentario pensando en que tal vez no conocieran la canción porque son unos cuantos años más jóvenes que yo, pero Noelia me sorprende y me dice que se llama Noelia por culpa de Nino Bravo quien falleció estando sus padres de luna de miel. En homenaje al gran cantante pensaron en que si algún día tenían una niña, la llamarían Noelia. La tuvieron y así la llamaron. Cuando se marchaban, les dije, "Abraham, lo de tu nombre ya me lo cuentas otro día".

La decisión de los padres es fundamental a la hora de conseguir el efecto divertido y sino que se lo digan a don Gil Gil Gil.

Algunos, sin embargo, no podían adivinar el efecto que hoy en día generaría el nombre impuesto a sus hijos. El mejor ejemplo en esta categoría es el de doña Sofía Corina.

En otros casos es el nombre del cónyuge o pareja el que nos proporciona la sonrisa como ocurría con los esposos rumanos llamados Vlad y Mina.

También ha pasado por mi despacho un señor que se llama Pedro Pérez Minga. No es fácil gastar una broma que no moleste en materia de nombres y apellidos, pero me quedé pensando "menos mal que su padre se llamaba Pérez y no Gran" que es un apellido frecuente por mi zona. Las combinaciones con posibilidades humorísticas son abundantes: Mira Payá, Gran Moya o Gran Rico. Algunas combinaciones hasta parecen una amenaza: "Mira Rico". Incluso algún extranjero da pie para partirse de risa como fue el caso del señor Keable, el señor Vandeputte, el señor Karamoko o el señor Guarrong.

A veces, la broma viene del otorgante como sucedió en el caso de una señora que se llama Remedios pero que siempre me dice que ha sufrido tantos "Dolores" que así la tendrían que haber llamado. Al otro lado del ring el señor al que le pregunto si no tuvo problemas para inscribir en los años setenta del pasado siglo a su hijo como Mercurio y me responde: "Me está usted ofendiendo". Todo lo contrario que un cliente habitual mío cuya mujer se llama Marciana y que siempre comenta que se fue a buscar novia a Marte.

Algunos nombres y apellidos que me mencionan los compañeros y yo recopilo parecen simplemente increíbles como es el caso de doña Frígida Cachorreta Mimosa, aunque de otros pueda uno dar fe que son ciertos. Es el caso del señor Chocho que bien pudo haberse casado por estas tierras con la señora Rico dando lugar a una combinación ante la que sería casi imposible retener la carcajada. En circunstancia similar estaba don Perfecto Pastor que casó con la señora Rico para tener un hijo que además de Perfecto era Pastor y Rico.

Podríamos dedicar un episodio entero muy corto a los nombres largos pero termino con un nombre corto. Era el nombre de la esposa de un pakistaní que simplemente se llamaba Faria o al menos eso decía el pakistaní: "Mi mujer no tiene apellidos". A mí lo que me parecía era que el pakistaní era un listillo porque previamente cuando le pregunté si estaba casado me respondió: "En mi país estoy casado, aquí no".

Por si a alguno de los lectores le apetece continuar con el tema de los nombres de pila, les aconsejo que busquen en mi blog el post titulado "Nombres raros". Acepto aportaciones.

Estados civiles

Seguramente a muchos les sorprendería saber que hay gente que no responde de inmediato cuando le preguntas sobre su estado civil y que necesita una aclaración de la cuestión: ¿está usted casado, soltero, separado, divorciado o viudo? Unos pocos, a pesar de que se lo aclares, siguen sin saber cómo responder a la pregunta.

Fue el caso del asesino de su mujer que era viudo aunque lo dudase; el del que se divorcia, no se casa de nuevo, y que cuando muere su ex, ya no sabe si es soltero o viudo o si continúa estando divorciado, o el del que pasa de divorciado a casado y luego a viudo cuando se muere la segunda esposa.

Recientemente he tenido a una pareja británica casada en sextas nupcias. Se trababa del sexto matrimonio para cada uno; cada uno había estado casado antes con otras cuatro personas. "¿Con cuatro?, ¿será con cinco?". No, con cuatro, puesto que los contrayentes de las primeras nupcias de cada uno eran los mismos que en las sextas, regresando a la casilla de salida a lo Elizabeth Taylor-Richard Burton o a lo Pepe Sancho-María Jiménez.

Una señora mayor llega de negro a mi notaría. Le pregunto cuál es su estado civil. Me dice que casada. Estando enlutada la respuesta no me convencía así que le volví a preguntar. Casada, me vuelve a decir. ¿Y su marido ha venido con usted?, le pregunto. No, me dice, mi marido murió. Entonces es usted viuda, ¿no? No señor, yo soy viuda, pero casada. Muy bien señora. A ver cómo lo recojo en la escritura.

Otra pregunta de respuesta inesperada fue:

– ¿Pero el difunto estaba viudo?

– No, la viuda murió antes que él.

Ante el chasco de verse en trámite de divorciarse, aún sin haberse inscrito el matrimonio en el Registro Civil, le dice el recién casado al notario: "Mi mujer me ha dejado, ¿podría no enviar la copia al Registro Civil?".

Muchos reconocerán esta pregunta que nos hace el programa informático de la notaría en ciertos casos: ¿Estado civil? Respuesta: Viudo. Entonces llega la segunda pregunta: ¿Don Fulano comparece conjuntamente con su cónyuge? "Espero que no", piensa siempre la notaria

A veces lo que da lugar al estado civil de casado es la escritura de matrimonio otorgada ante notario. Yo solo he casado a una pareja. Dicen que el alcalde de mi pueblo casa muy bien y que me quita la clientela. En cambio sí que he hecho algún divorcio: "Claro, es que para eso la gente sí que paga". También es cierto que otros nos prefieren a los notarios: "El notario siempre será notario y un concejal, cuando haya nuevas elecciones, volverá a ser el carnicero".

En la lectura de una escritura de matrimonio, donde todo el mundo está feliz, pueden surgir momentos divertidos como en aquel caso en que dije: "Procedo a dar lectura a los artículos 66, 67 y 68 del Código Civil ". Entonces, una testigo va y dice: "el 69 déjelo para que lo lean ellos esta noche...".

También estaba aquel tipo que nos constaba como casado pero que vino a la notaría con dos mujeres así que le preguntamos, ¿cuál es su mujer? El sujeto contestó: "Las dos". "Pero actualmente, ¿con cuál está casado?". "Con ninguna".

Recogiendo los datos a un otorgante de origen cubano y nacionalizado español, se produjo la siguiente conversación:

– ¿Está usted casado?

– Sí.

– ¿Sabe en qué régimen?

– En gananciales; me casé en Madrid hace algunos años y hace poco que vivo aquí.

– ¿Cómo se llama su esposa?

– ¿Cuál? ¿la de aquí o la de Cuba?

Ante preguntas tan sencillas sobre el estado civil, las respuestas pueden ser muy variopintas:

– ¿Está usted casado?

– En mi país sí, aquí no.

– ¿Está usted casado?

– En teoría, sí.

– ¿Está usted casada?

– No lo sé, mi marido se fue a Brasil hace 20 años. El otro día me dijeron que había muerto, pero no estoy segura.

– ¿Está usted casado?

– Con papeles no.

– Señora gallega de 90 años largos: ¿Está usted casada?

– No, pero aún no lo descarté.

– ¿Está usted casado?

– No, pero he hecho mucho el amor.

– ¿Está usted casada?

– No, mi marido se fue hace 20 años.

– ¿Pero se han divorciado ustedes?

– No.

– ¿Está usted casado?

– No, nadie me quiere. ¿Se quiere casar conmigo?

– ¿Está usted casada?

– Lo estuve.

– ¿Y no ha pensado usted en volverse a casar?

– Anda ya, quite, ¡qué asco!

–¿Está usted casada?

– No, soltera, bueno, separada, divorciada. Bueno, soltera, ¿no?

–¿Está usted casada?

– Estoy casada, pero usted tiene que poner soltera. Para ustedes no vale mi casamiento.

– ¿Está usted casado?

– No, por eso estoy siempre contento.

– ¿Está usted casado?

– No, estoy felizmente soltero.

– ¿Está usted casada?

– No, mi marido está felizmente fallecido.

– ¿Está usted casado?

– Estoy apretujado.

– ¿Apretujado?

– Sí, ajuntado sin papeles.

– ¿Está usted casado?

– Estoy viudo, divorciado, perdón, ya me gustaría a mí estar viudo.

– ¿Estado civil?

– Viuda... Gracias a Dios.

– Entonces, ¿están ustedes casados en primeras nupcias?

– No, no, perdone, en Madrid, nos casamos en Madrid.

– Entonces Francisco, usted está soltero, ¿no?

– Sí, soy duro de pelar, aunque eso no implica que no me engañen.

– ¿Está usted casada con este señor?

– Es mi marido. Bueno, no es mi marido. Yo fui a trabajar a su casa, pero como soy muy viva, a las dos semanas ya nos habíamos liado.

Termino con el caso de aquellos señores o señoras de cierta edad que cuando les lees su estado civil y es el de solteros, te dicen: "Y sin compromiso" o "sí, pero aún no he perdido la esperanza".

Notarios en el cine

La representación de los notarios en el cine suele estar muy lejos de la realidad de los notarios y las notarías españoles.

Tópicos, tópicos y más tópicos; y en donde más abundan es, sin duda, en la representación de la lectura del testamento por el notario. Esta circunstancia siempre me ha resultado francamente curiosa puesto que en España no existe tal acto de la lectura.

Es el caso de las películas "La herencia Valdemar" y "A pesar de todo". Esta última con Blanca Suárez, Amaia Salamanca, Juan Diego, Marisa Paredes y Joaquín Climent, entre otros, presenta la particularidad (común en otros filmes) de que el notario les pone a los probables beneficiarios (alguno de los cuales termina no siéndolo) un vídeo grabado por el difunto antes de morir en el que les revela un importante secreto familiar o condición a cumplir para que puedan heredar.

El segundo gran tópico es el del notario en sí. La promoción de la serie "Benidorm", original de

Atresmedia Televisión, decía: "Xabier Zurita es un notario vasco con aspecto de notario vasco. Su vida es tan cuadriculada como sus camisas. Soltero; no parece pedirle más a la vida que los pequeños placeres de sus rutinas". Hombres, aburridos, de traje y corbata, gruesas gafas, fumando puros y eternamente ariscos y de mal humor.

Algunas tramas hasta podrían dar lugar a algún dictamen. Es el caso de una de las famosas "Historias para no dormir" de Chicho Ibáñez Serrador. Un notario autoriza un curioso testamento con condición resolutoria impuesta a la sobrina a la que el testador nombra heredera que ha de seguir las instrucciones de su tío para su velatorio y entierro, pues el buen señor era cataléptico y temía despertarse vivo dentro del ataúd después de su entierro. La cosa tiene miga, notarialmente hablando, puesto que las instrucciones llegarían tarde a buen seguro de no tomarse alguna precaución que quedaría claramente fuera de la órbita notarial.

En la enorme (por buena y por larga) película "Novecento" de Bernardo Bertolucci, que repusieron reciente en La 2, dos personajes charlaban y se decían: "Mi hijo será notario". "Pues el mío será ladrón". Un tercero decía a los otros dos que a él le sería mejor que fuera cura.

En la estupenda "Handia" hay tres momentos que, aunque no quedan completamente claros, podrían ser momentos notariales. Se trata de dos firmas de escrituras relativas a la compraventa del caserío familiar de la familia del Gigante por su padre y su hermano y de la "lectura" de su testamento que arroja un dato crucial para terminar de redondear (en clave de misterio) toda la historia.

Por cierto, hasta hay notarios protagonistas de videojuegos. Es el caso de "Remothered: Tormented Fathers" que es un videojuego de terror y aventura psicológica interactiva. Rosemary Reed es una mujer que llega a la casa de un notario jubilado, el Dr. Felton, a quien está afectando una misteriosa enfermedad. Extraños secretos, asesinatos y una ambientación diseñada para ser opresiva y realista. También hay otro videojuego que se llama "Syberia" que sería algo así como una versión notarial de don Vito Corleone.

Y, aunque parezca de película, termino con una anécdota que es completamente real. Se trata del caso de aquella escritura de cesión de derechos sobre videos porno caseros: "Hace unos años me llaman desde una productora y comercializadora de vídeos, preguntándome si podíamos hacer escrituras de cesión de derechos de vídeo para su comercialización por Internet u otros medios. Me explicaron que comparecerían en la notaría las personas que querían ceder sus derechos en un vídeo concreto previamente grabado. Después la sociedad productora del vídeo ratificaría o aceptaría esos derechos en una notaría de Barcelona. No le vi problema alguno, así que, a los pocos días, comenzaron a enviarme a la gente que había grabado los vídeos descubriendo entonces que eran vídeos de porno casero. Las escrituras de cesión de derechos no tenían ninguna trascendencia, ni complicación, salvo cuando tocaba la lectura del título del vídeo. Recuerdo especialmente dos títulos: "En el parque madrileño se me pone como un leño" y "El padre Onofre y sus monjitas putitas". Los había muy obscenos y llegaban a ponerme colorado. Los cedentes eran de lo más variopinto y no era posible encontrar un perfil común a todos ellos".

Para los interesados en la materia tengo en mi blog una serie de entradas llamadas "Notarios en el cine" por si alguien quiere hacerse una maratón de cine notarial.

A cambio, los registradores suelen ser muy poco cinematográficos aunque sale uno en "Plácido" y hay una referencia de Dan Aykroyd a una especie de "manifestación de suelo no infectado parapsicológicamente" en "Cazafantasmas".

Profesiones

Hay profesiones, oficios o trabajos que a los que redactamos y autorizamos escrituras nos llaman mucho la atención. Algunos son tan poco habituales que hace falta un diccionario para saber en qué consisten.

Suelo anotarme las que más me llaman la atención como fue el caso de aquel terapeuta de sistemas que me explicó que se ocupaba de "rebajar la tensión a los sistemas informáticos estresados". Por supuesto, siempre hay (y menos mal que la hay) gente con ganas de bromear con estos asuntos laborales. Fue el caso del que se declaró delincuente habitual o del que nos dijo que era acerero.

– ¿Y eso qué es? ¿Fabricante de acero?

– No, que en el verano camino por la acera de la sombra y en el invierno por la acera del sol.

Otros o están sordos o contestan lo que les viene en gana:

– ¿Profesión?

– Casado.

– Le pregunto por su profesión no por su estado civil.

– Ah, conductor.

Y los hay muy empanados:

– ¿Es trabajador por cuenta ajena?

– ¡Noooo! Trabajo para una empresa.

Entre los curiosos está aquel señor que nos dijo que era selector de ambientes.

– ¡Ah! Y exactamente, ¿en qué consiste eso?

– Pues, en que yo me pongo en la puerta de la discoteca y decido quién pasa y quién no.

Controvertido puede ser el caso de las amas y los amos de casa (que no son muchos, pero van creciendo en número). Por supuesto, pasó a la historia el "sus labores" y puede encontrarse uno menciones a "tareas del hogar no remuneradas" o con "ejecutivas domésticas". Hasta hubo una señora que me llegó a decir que era "mujer objeto". El tema hay que tratarlo con sutileza para evitar toda clase de enfados.

– De profesión, ¿le pongo ama de casa?

– Yo no soy ama de casa. Mi marido gana mucho dinero y heredé mucho de mis padres. Yo no he trabajado nunca, pero no soy ama de casa.

En este caso optamos por un aséptico "sin profesión especial". Cualquiera se atreve a proponerle desempleada. Quizá le podríamos haber puesto "rentista" que era la profesión que siempre quiso tener mi viejo amigo Luis.

Otros que han pasado por mi despacho son el opositor, el arte terapeuta, el comodín zapatero, el DJ retirado o el fisonomista de casinos, pero el más genial y caradura de todos fue aquel al que le pregunté:

– ¿Y usted a qué se dedica?

– ¿Yo? ¡Al puterío!

También le echaba mucha cara aquel que se declaraba jornalero del jamón.

Terminaré el capítulo con un viejo chiste con resonancias laborales.

Hace muchos años se celebró un concurso para determinar cuál era el oficio más antiguo que existe. Ya eliminados muchos participantes, quedaron cuatro: el médico, el arquitecto, el notario y el político.

El médico dijo:

– Dios creó a Eva de una costilla de Adán, fue una operación quirúrgica, luego el de médico es el oficio más antiguo.

El ingeniero sonríe con suficiencia y dijo:

– Nada de eso, pues antes de crear a Adán, Dios creó los cielos y la tierra, los ríos y montañas, obra de ingeniería. Por eso, la mía es la profesión más antigua.

El notario no está de acuerdo y dice:

– Ah, no. Recuerden que antes de crear el mundo, Dios creó a los ángeles. Y, según la tradición hebrea, al primero le asignó la función de notario: el arcángel Metatrón, el Escribano de Dios.

Llegó el turno del político y negó con la cabeza para sorpresa del notario, que vuelve a tomar la palabra.

– ¿Cómo qué no? Antes de la creación no existía nada, solo existía el caos.

El político se rió y dijo:

– Y el caos ¿quién cree usted que lo formó?

Correctores ortográficos

Los correctores ortográficos nos proporcionan muy a menudo en las notarías unas risas y hasta una buena carcajada. Ahora nos ocuparemos de sus inocentes, aunque reincidentes, pifias.

Las facultades de los poderes para pleitos suelen clasificarse en generales y especiales. Cuando se quiere destacar alguna entre las especiales, hablamos de especialísimas. A los correctores esto les debe sonar raro porque convierten las especialísimas en espacialísimas.

En el ámbito de los poderes es un clásico el poder para pelitos que es la forma que usan algunos correctores para referirse a los poderes para pleitos.

A la hora de las notificaciones, los correctores se empeñan en denominar abuso de recibo al famoso acuse tamaño octavilla de cartulina de color rosa que usan en Correos.

Con la anticresis hay que disculparles a los pobres la confusión, porque es una figura muy poco usual que de poco verla pueden convertirla en anticrisis, y bien saben ustedes que va un buen trecho de una cosa a la otra.

¿Le gustaría a usted tener un patrimonio persistente? Supongo que a nadie le amargaría el dulce la posibilidad de tener un patrimonio constante, continuo, duradero, estable, perenne, incesante, fijo o ininterrumpido, pero lo cierto es que solo unos pocos lo tienen persistente. La mayoría lo tenemos preexistente, sobre todo a efectos de las sucesiones y donaciones.

En la diligencia de intervención de una póliza nos hemos encontrado con que la relevación de la fianza se ha convertido en la revelación de la fianza.

Me contaba un compañero que le gusta vestir las copias de sus escrituras con una carpeta satinada, en cartulina de trescientos gramos y con ventana. Para que se identifique bien el acto o negocio jurídico al que se refiere el acta o la escritura, incorpora un folio blanco en el que se imprime una sencilla leyenda a la altura del hueco con el número de protocolo y la calificación del acto o negocio jurídico. Una pareja comparecía en su despacho para otorgar la escritura de disolución de comunidad o extinción de condominio, que ponía fin a su vida en común. No parecían enfadados. Estaban objetivamente tristes por finalizar una relación de la que aún quedaban miradas cómplices y gestos de cariño con alguna lágrima fugitiva. Al día siguiente el corrector ortográfico de MS-Word tituló la escritura: "Número 290, 26 de abril de 2013, escritura de desilusión de comunidad".

Por supuesto, es un clásico y puede que el que más, la corrección de "presentación telemática" por "presentación telepática". Quizá deban plantearse algún día esta posibilidad dado que el acceso directo a los libros del registro nos sigue vetado a los notarios.

Correcciones a gogó son las que se colaron en la minuta enviada por una agencia inmobiliaria en la que doña Frígida, también conocida por doña Brígida, vendía "la muda propiedad" de una "chochera aneja a la vivienda de pito con una superficie de doce metros y cincuenta dedímetros cuadrados", "finca de cristal 12.345", "libre de otras cargas y gravámenes, de arriendos y ocupantes, y al corriente en el pago de contribuciones, impuestos y gatos de comunidad". La compradora adquiría "para su sociedad letal de gananciales". Para terminar las risas se sometía "cualquier otra cuestión no regulada en las cápsulas del contrato a los juzgados y tribunales de novelad" (es decir, de Novelda) y se establecía un último epígrafe titulado "cláusula de inseminación en caso de impago". A la pobre doña Frígida, le podía salir cara la "indemnización".

Según los correctores a los socios de una sociedad anónima hay que llamarles accioncitas. Los que añaden bienes a una herencia, firman una escritura de "adicción" como si fueran heredípetas, y los que construyen en suelo ajeno y se quedan con el suelo y la obra, que en este caso estaba en "mal estado de conversación", están aprovechándose de la ascensión invertida. A veces, pueden estar obligados a formular una declaración de invisibilidad y vinculación de este tipo: "doña declara expresamente su voluntad de que la finca agrupada y descrita anteriormente quede afectada, con inscripción registral de la vinculación de la total superficie real a las construcciones que sobre la misma existan o se declaren, solicitando la constancia registral de su invisibilidad".

En el objeto social de una sociedad dedicada a temas turísticos, el corrector nos ha convertido el alojamiento vacacional en un alejamiento vacacional. También podría ser, ya puestos, un alejamiento vocacional. En otra ocasión, y continuando con los objetos, "Word" nos ha transformado un objeto social consistente en actividades vinícolas, en actividades titícolas que deben ser "aquellas consistentes o relativas a las personas jóvenes, especialmente las mujeres". Hasta hemos tenido que subsanar una escritura de contestación de sociedad limitada porque el corrector había convertido un "entidades especiales" en un "entidades espaciales". Finalmente, cuidado con el consejo de administración porque de vez en cuando el corrector se saca un "miembro del conejo de administración" y con las certificaciones elevadas a público que nuestros clientes nos envían, en las que suelen deslizarse las pifias de sus propios correctores como en el caso aquel en el que la junta aprobaba un acuerdo relativo a la solicitud de un "cerdito hipotecario".

Hasta en las advertencias, el corrector puede hacer de las suyas convirtiendo a la "Agencia Española de Protección de Datos" en la "Agencia Española de Protección de Patos".

Así que, como ya ven, todo es posible en las escrituras púbicas incluso en las que contengan alguna "carcelación" de hipoteca.

A veces, el que se equivoca es el cliente y no el corrector. Quizá el más antológico de los errores fue el de aquel que vino a pedir copia del testamento de su tía y nos dijo que había fallecido de "fallo multiorgásmisco". Tampoco estuvo mal el caso del que quería una fotocopia compulsiva. Otras veces, el error llega desde los tiempos de las escrituras a máquina de escribir. En la copia de un testamento de los años 40 del siglo XX, el testador dejó a salvo la legítima extrinca. Debe ser porque la legítima siempre se trinca salvo que exista causa para desheredar.

Esperemos que a los editores de este Nihil prius risum nos les juegua su corrector una mala pasada y me dejen sin gracia todos los chistes.

Ya me despido. Atentamente, un salido.

Opinando sobre los notarios

"Un notario es un señor, o señora, con gafas, que entra a un despacho en el que tú ya estás esperando, te da la mano, te pide el DNI, comprueba que eres tú, te explica unas cosas y luego pone una firma gorda con un boli bueno".

Lo dijo en su habitual tono "Harry el socio" un tuitero muy ocurrente del que siempre he tenido la sensación de que conoce bien el mundillo notarial y registral. Su comentario dio lugar a muchas respuestas. Mi favorita fue la de que "estamos más obsoletos que el VHS". Por lo demás, nada nuevo bajo el sol: anacrónicos, innecesarios, prescindibles, vividores, inútiles y por supuesto caros, carísimos, sin olvidar además que el sistema es burocrático, que no vemos a la gente, que el blockchain o una simple foto son la solución, que leemos rápido, que no explicamos nada, que rozamos la ilegalidad, que actuamos como estrellas del rock, que no comprobamos la capacidad de la gente, que no tenemos ninguna responsabilidad, que los notarios solo existen en España, que nuestro mérito fue estudiar mucho hace tiempo, que constituimos un sobre coste sin sentido, que somos un poder fáctico que sobrevivimos gracias a los bancos y a los políticos, que no servimos para nada y que aún escribimos con máquinas de escribir. Como ven, la gente se despachó bien a gusto y dijo muchas tonterías y falsedades que demostraron que no se sabe, más allá de los tópicos de siempre, gran cosa de lo nuestro.

El anecdotario de lo que algunos (aunque yo creo que no son demasiados) piensan sobre el Notariado y los notarios fue extenso:

1 Un notario es un anacronismo del todo innecesario en el mundo actual, son parte del sistema burocrático en el que estamos inmersos.

2 Con el lector de huella digital ya evitan el contacto personal, solo verás al ayudante mientras que el señor firma plácidamente desde su despacho.

3 En la actualidad se podría prescindir de esta figura legal en las transacciones económicas de

cualquier índole o al menos en algunas de ellas recurriendo al blockchain.

4 Todo el mundo se merece respeto, pero los notarios no más que cualquiera.

5 Son unos vividores.

6 Prueba gráfica. ¡¡¡¡prueba gráficaa aaa!!!!. ¿De verdad cuesta tanto hacer una foto del momento?

7 ¡Y te clava 5.000 eurazos por esa firma, te deja tiritando y no tiene responsabilidad de nada!

8 El que yo conocí en su despacho, que daba la vuelta a una manzana en el centro, entró saludando a todos con las manos en alto como una estrella de rock y nos clavó 500 euros del ala. Pensé: ¡es mi ídolo!

9 Solo pregunta: "¿lo ha entendido usted?", firma y cobra.

10 Un notario es una figura obsoleta y carísima que tiene en España su último bastión.

11 Un señor que estudió duro hace 30 años.

12 En el siglo XXI, en la era digital, con Internet, las firmas digitales etc., el notario es un anacronismo. En la inmensa mayoría de las actuaciones, es un sobre costo sin sentido.

13 Son un poder fáctico. Sólo tienen sentido en actuaciones muy complejas, de montantes muy elevados y con repercusiones importantes.

14 Intervienen porque el estatus quo entre los políticos y la banca sí lo permite. Es pura burocracia amparada en algo histórico, que se ha quedado más obsoleto que el VHS.

15 Notarios, registradores de la propiedad, procuradores de los tribunales y otros muchos, te sacan la pasta por la cara y son totalmente inútiles.

16 Te cobra un pastón por escribir a máquina que tú eres propietario de no sé qué.

Sentenció el asunto, al menos para mí (si es que se necesitaba sentencia alguna) mi amigo y compañero Fideibike que dijo: "Todas las mañanas el camarero me hace la misma gracia: no sé para qué estudiaste para notario si madrugas como todos; eres un pringado".

Queridos enemigos lo que falla no es, en ningún caso, la función que está muy perfeccionada, es magnífica y se proporciona a precio competitivo. Lo que puede fallar son los individuos y ese problema se da en todas partes en la misma proporción.

Venga disuélvanse y dejen de decir estupideces.

Situaciones delirantes, entrañables y absurdas

Desde el 28 de marzo al 20 de noviembre estuve sustituyendo la notaría de Talsitio (mis lectores habituales entenderán el guiño), lo que ha alterado bastante mis ritmos habituales y mi forma de organizar el trabajo. Entre idas y venidas, urgencias inesperadas y firmas que se alargan más de lo previsto, el blog y sus secciones han tenido que adaptarse un poco a esta etapa provisional. Como estoy diciendo en estas semanas, "con lo que me gusta a mí el verano éste, que aún no ha empezado, ya estoy deseando que termine".

Así que Talsitio y la sustitución de su notaría tienen la culpa de que el nuevo capítulo de esta saga de chistes y anécdotas notariales se vea reducido a la mitad de su habitual extensión y que solo incluya unas pocas situaciones "cómicas" que se me han producido o que me han contado en las últimas semanas sin disponer de más tiempo para tirar de mis archivos que, sin duda, me permitirían una recopilación sobre algún nuevo tema en particular. A pesar de todo, el episodio es jugoso porque la oficina notarial ya sea en Talsitio o en Talotro, ya sea como titular o como sustituto legal por vacante de otra notaría, sigue siendo una fuente inagotable de situaciones delirantes, entrañables y absurdas.

Hoy les traigo un surtido variado que refleja lo que es el día a día en una notaría: un espectáculo en ocasiones digno de sainete.

Acta de transparencia con invitados especiales:

"Perros he tenido unos cuantos en el despacho, pero hoy he firmado un acta de transparencia con una señora, su hija embarazada, un perro y un agaporni. La gente está decididamente loca". Al comentarlo un compañero me dijo que el otro día pilló a un sujeto que ya iba camino de la tercera edad con los pies encima de la mesa de la sala de firmas de su notaría.

Acta previa de transparencia con cláusulas de guerra:

"He tenido un acta previa de transparencia para subrogar un préstamo hipotecario de una entidad a otra. El cliente no me la firma porque no pone que si hay una guerra de Rusia con toda Europa se le dispensa de pagar las cuotas". Oportunamente un compañero le dio respuesta a la situación: "Yo en tu lugar la firmaría haciendo las oportunas advertencias".

El testamento fantasma:

"Hoy me he reído con una instancia para la liquidación del Impuesto de Sucesiones de una herencia en la que se decía que el causante había fallecido otorgando testamento". "Menudo susto debió llevarse el pobre notario", le contesté al compañero que me lo contó. Y es que parece aquello que le ocurrió a Cela con el asunto de si estaba dormido o durmiendo. En nuestro caso, claramente no es lo mismo fallecer "otorgando testamento" que "habiendo otorgado testamento".

Boda con diferencia generacional:

"Tengo asignado un expediente para un matrimonio entre un señor de 90 y una señorita de 28. Ambos de nacionalidad española. A ver qué me cuentan...".

Entonces, contestó con gracia un compañero:

"Ella: que desde pequeña ha tenido vocación de viuda.

Él: que a estas alturas ya todo le da igual".

Quejas y esperas:

"A mí no se me queja la gente por tener que esperar en la notaría. De los pocos que se han quejado por esperas, uno era médico y la que protestaba era su mujer que era enfermera. Les pedí disculpas y les dije que les comprendía perfectamente porque a mí me pasaba lo mismo en las consultas médicas".

Registradores

Vamos a reírnos ahora un poco con los registradores. El humor notarial no se entiende sin los que primero fueron nuestros hermanos, luego más bien nuestros primos y ahora casi unos adorables cuñados. Creo que tendría material para más de un capítulo con nuestros antagonistas favoritos.

Entrando en materia, nada mejor que hacerlo hablando del "Wallet" y de la digitalización. Nos hemos procurado reír los notarios, aunque fuera por no llorar. Nos hemos saludado con un "Wallets días" y nos hemos enfadado con un "que te den por el Wallet". También nos hemos lamentado y sonreído con las muchas deficiencias del sistema: "Nos han traído en mano desde un registro una nota continuada porque se habían comido una hipoteca y el sistema no les dejaba modificar la ya enviada. Hemos pasado del fax al Pony Express".

"¿Os ha llegado alguna de las notas nuevas? A mí no me aparece la descripción de la finca", dice uno. "A mí sí, pero dice que vale por cinco días", responde otro. "Eso es porque no pagas suficiente; recarga mucho el Wallet y te van añadiendo más días", dijo el tercero. "Te habrán enviado la medio continuada", concluyó un cuarto.

Tan mal estuvieron las cosas las primeras semanas que hasta llegamos a añorar el fax y nos vimos en trance de usarlo. Coincidiendo con la noticia de que "La RPD de Corea y Corea del Sur restablecen las líneas de comunicación telefónica y fax directo por lo que se espera una mejora de las relaciones en los próximos meses", alguien dijo: "Ya pueden contactar con los registros españoles".

Otro tema de gran actualidad: ¿9 o 199?

El comprador adquiere una finca sin saber cómo va a quedar inscrita en cuanto a su descripción ni de los costes en función de si se tramita un 9b LH o un 199 LH. Por tanto, el registrador decide, si cambia o no la descripción, el procedimiento, y lo que cobra por ello, aunque le hayan dicho los interesados que no quieren cambiar la descripción. Fabuloso. El mejor oficio del mundo. Imaginad un cirujano plástico al que pides que te arregle el tabique nasal, y que, ya que te anestesia, decide ponerte botox, liposucción, pechos, blefaroplastia, lifting y que, en lugar de demandarle, además le tengas que pagar.

Los problemas se presentan luego para explicarlo a nuestros clientes, especialmente cuando la diferencia de cabida no accede al registro. Es mi costumbre explicar al cliente que el notario no puede garantizar la inscripción. "Mire, yo no le puedo asegurar que se le inscriba la superficie que falta". Respuesta: "Bueno, si usted no me la quiere meter, ya me la meterán en el registro". La respuesta me recordó a aquella otorgante que recibió una llamada durante la intervención de una póliza y le dijo a su interlocutor: "Estoy dentro del notario".

Lo importante, desde luego, es conseguir la inscripción sin que se nos caiga media escritura por el camino, sin olvidar subsanar el catastro y sin que nos pongan ningún "defeco". Y es que tuve una calificación que se refería a un "defeco" en mi escritura. Seguramente sería un defecto "mierdero" como el de aquella resolución que discutía si correspondía decir "entrando a la derecha" o a la "derecha entrando".

Desde luego al colectivo, al menos, no se le puede negar su originalidad. Hace un tiempo los registradores tuiteaban: "Si este puente de diciembre has decidido alquilar un inmueble en España, recuerda antes de hacerlo consultar el Registro de la Propiedad más cercano o https://sede.registra-dores.org/site/home. Así evitarás sorpresas desagradables. #AlquilaConGarantías". Un notario respondió: "Creo que deberían incluir la posibilidad de solicitar las notas simples mediante la App de Booking. Así queda todo más a mano. Alquilo la casa y al mismo tiempo pido la nota simple". Ellos respondieron con humor: "Buenos días, Antonio. Tomamos nota de la sugerencia. Un saludo".

Para terminar, les transmito un consejo leído en mil anuncios que, a pesar de las rencillas entre uno y otro cuerpo, pone de manifiesto la importancia de la escritura pública y de la inscripción en el registro de la propiedad:

"Señores, por favor, no compren suelos rústicos con construcciones si no están inscritas en el registro de la propiedad, que luego se ven como yo con un terreno rústico sin casa y pagando una multa. Un trozo de pajullo que no me comen ni las ovejas a precio de apartamento en la costa. Pidan siempre papeles, más vale pagar los trámites y un poco más, que perder mucho. Eso sí, y esto va por ti Fulano, como te vea por las tierras de aquí cerca te bajo del tractor a bastonazos, cáncamo, papafrita, estafador, cuca floja. Me has hecho perder más que la UD con Ramírez. Que no te vea por aquí".

Aquí dejo el tema, pero puede que sigamos con ellos en algún otro momento.

A cara de perro

Llevo años diciendo que estos tiempos que nos ha tocado vivir como notarios (y como empleados de notaría) han sido "a cara de perro" (y aún más para los empleados que para los notarios). Ha llovido mucho desde que aquel oficial de mi padre en la Puebla de Almoradiel (Toledo), a finales de los años 60 y principios de los 70, abroncaba a los paisanos que osaban preguntar algo al notario diciéndoles aquello de que "ya te he dicho que al notario se viene a firmar y que las preguntas me las tienes que hacer a mí". Ahora, sin embargo, cualquiera se puede dirigir a ti y llamarte jefe, machote o campeón, por supuesto, tutearte o decirte sin atisbo de vergüenza que si estás seguro de lo que le estás diciendo porque él cree que eso no es así o presentarte, si se tratara de testar, un testamento que ha hecho con la ayuda de una IA que confunde la legítima de los ascendientes con la de los descendientes.

Actualmente, a punto de terminar el primer cuarto del siglo XXI, las discusiones e impertinencias se sufren a diario, aunque probablemente como en cualquier otra profesión u oficio, salvo, seguramente - si proseguimos con el "modo broma" del anterior capítulo -, en el caso de los registradores.

Puede que nosotros, los notarios, no estuviéramos acostumbrados a que se nos presentara alguien más listo que nosotros mismos. Ya decía Chico y Ortiz en el aclamado "Nada antes de opositar", cuya reciente reedición he tenido la suerte de prologar, que el aprobado en las oposiciones nos aupaba a la categoría de "listos oficiales" por lo que como tales listos que somos llevamos muy mal aquello de que se nos discutan nuestras opiniones y peor aún cuando se nos hace de malos modos.

En algunas ocasiones es posible que los otorgantes simplemente discutan entre ellos. Así sucedía en una escena de la serie "Machos Alfa" que transcurría en una espaciosa y más bien lujosa notaría y, concretamente, en una de esas salas de firmas que tan poco me gustan en la que entraba el notario y en la que ya le aguardaban los dos socios de una sociedad. Uno de ellos iba a vender sus participaciones sociales (acciones, decía el famoso actor dueño de Pescados Recio, que en esta serie hacía de notario) al otro. Al ser gananciales, se requería el consentimiento de la esposa del vendedor que no terminaba de llegar, por lo que decía el notario: "¿Su esposa va a venir?, porque tengo la notaría llena". Al poco llegaba la esposa y el notario le solicitaba el DNI comenzado la lectura diciendo "van a firmar ustedes la venta de las acciones de la sociedad Bares y lugares, S.L. que ostentan al 50%" (también mal dicho porque uno le vendía al otro). En plena lectura, los tres firmantes interrumpen al notario y se ponen a discutir sobre algo ajeno a la firma: la mujer de uno le pone los cuernos con el otro. En el curso de la discusión, ella decía para excusar su infidelidad que "la monogamia es una falacia de la sociedad" a lo que el notario respondió "doy fe" y apuntó "pero, ¿no tienen ustedes pareja abierta?". Pocos segundos después, el matrimonio (el cornudo y su mujer) se levantan, cogen de la mesa sus DNIS y se van, quedándose solo el otro socio. La escena termina diciendo el notario: "Pero ¿van a firmar la venta o no?, ¡que me trastocan el número de protocolo!".

En muchas ocasiones los notarios y nuestros empleados estamos en el ojo del huracán por el coste de nuestros servicios como me comentaba Frank, sufrido oficial de notarías mallorquín, que hace un tiempo escribía en la red social X, antes Twitter, que tenía a un cliente cabreado por la factura de una compraventa. Decía Frank que "que no quería pagar ninguna copia, ni siquiera la autorizada electrónica y que tampoco quería que la matriz se quedase en la notaría y que, además, después de discutir con nosotros se iba a discutir al registro". Los tuiteros no supimos si reírnos más por la inocencia de querer llevarse la matriz a su casa o por la insuperable reacción de querer irse a discutir - no sabemos muy de qué - al registro.

El propio Frank, que es un trabajador incansable, nos contó otro día que un cliente que iba a comprar una plaza de garaje al día siguiente en su notaría, le había escrito un e-mail para que se la limpiara: "I expect the garaje to be completely empty. It looks like some rubbish is still in. Could you please remove everything? King regards, Fulaneison".

Encima, en estos tiempos, lo que pasa es que la gente hace caso de Belén Esteban en materia de vecindad civil y pregunta si puede empadronarse en Pamplona para pagar la legítima en febles o carlines o, y, aún puede ser peor, pregunta a la IA sobre su testamento. He tenido que batirme recientemente el cobre - ya lo he apuntado antes - a causa de un testamento preparado por ella para un señor casado sin hijos, pero con sus padres vivos a los que la IA les daba derecho a dos terceras partes de la herencia "sin perjuicio del usufructo del tercio de mejora". Tal vez haya llegado el momento de decir que "tiene, a mi juicio, capacidad para otorgar la presente escritura redactada con arreglo a minuta propuesta por Inteligencia Artificial al compareciente que insiste en el presente otorgamiento".

Por supuesto, no faltan los de la piel fina que se ofenden por preguntarles el estado civil o la

profesión, ni los resabiados que cuando les recla-
mas algo te dicen que eso en Talsitio no lo piden
o que si lo que pides "se exige en algún sitio o te
lo has inventado tú".

Especialmente impertinentes resultan los de
las prisas, como aquellos que el día de los Santos
Inocentes te dicen que "queremos hacer una compraventa y agrupación de dos fincas rústicas. Una
sociedad vende a otra y nunca han firmado con usted; el Catastro está fatal y no tenemos medición
técnica ni coordenadas, pero no le pida muchas cosas a los clientes que son muy susceptibles".

Y es que hasta los más habituados a las notarías
te dan la sorpresa y te encargan una escritura de compraventa para dentro de una hora, sin traer nada, diciendo, "bueno, eso es una hoja". Algunos te llaman
para pedir hora para firmar un poder urgentísimo
porque el cliente está de vacaciones y aprovechará
estando a 500 km de su casa para firmarlo. Claro,
es lo normal que haces en vacaciones: salir a comer,
pasear por la playa, jugar un rato a las palas y firmar
un poder super urgente. Finalmente, otros, que no
inscribieron su escritura a tiempo hace treinta años
por problemas de no fácil solución, pretenden que
se les resuelvan de inmediato porque tienen vendida
la finca y pueden perder las arras.

Y es que el nivel de exigencia está más alto que
nunca. Un administrativo que vino a encargarnos un
trabajo hace un tiempo, se sinceraba con nosotros y

se lamentaba porque la gente pensaba que los que estamos en una oficina somos como Amazon Prime, es decir, que solo hay que clicar y a esperar, en nuestro caso, a que salga tu escritura.

Yo ya estoy encargándome una cama plegable para el despacho, así haré las últimas firmas electrónicas del día, me pondré el pijama y me iré a dormir hasta que con el amanecer regresen los primeros impertinentes del siguiente día.

Gracias a todos los aportantes de anécdotas de su día a día y especialmente a la FEAPEN que me ha permitido con su sugerencia sacar adelante este pequeño proyecto.

Hasta otra. Un abrazo.

Miguel Prieto Escudero. Notario de Pinoso. Alicante.

Justito El Notario www.justitonotario.es